십자가의 길 중급반 학교시리즈 ④

**중급4**

# 50일 소원기도 모임

권영구 지음

소원을 이루려면 진짜 신에게 기도해야 합니다.
많은 사람들이 가정의 문제나 소원을 이루려고 여러 곳을 다니며
기도해 보다가 안 되면 마지막에 찾는 곳이 교회입니다.…
교회에 오셔서 하나님을 만나면 평안을 누리게 되고
기도가 이루어집니다.

중원 C.M.C.

평신도 제자훈련 교재

# 50일 소원기도 모임『개역개정판』

*지은이* _ 권영구
*초판 발행* _ 2009년 5월 20일
*펴낸 곳* _ 도서출판 중원 C.M.C.
*등록번호* _ 제 390-2004-00006호
*주소* _ 경기도 광명시 광명4동 158-536
*전화번호* _ 02) 2617-2044
*F A X* _ 02) 2060-0160
*홈페이지* _ www.cross9191.com / www.jwch.net
*구입문의* _ 02) 2617-2044, 2685-0423

ISBN 978-89-91822-34-4-93230
값 5,000원

# 50일 소원기도 모임

(열린 전도학교)

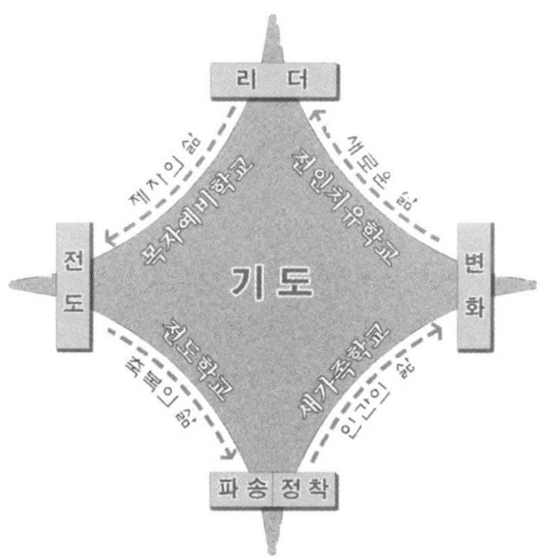


중원 C.M.C.

# 머리말···

한국 사람들은 소원을 이루기 위해서 부처에게 성황당에게 그리고 아침에 냉수 떠 놓고 조상님께 기도를 많이 합니다. 지금도 불신자들은 소원을 이루기 위해 부적을 가지고 다니기도 합니다. 그러나 이러한 소원기도는 이루어지지 않습니다. 모두가 가짜 신에게 비는 것이기 때문입니다.

소원을 이루려면 진짜 이루어 줄 수 있는 신에게 기도해야 합니다. 많은 사람들이 가정의 문제나 소원을 이루려고 여러 곳을 다니며 기도해 보다가 안 되면 마지막으로 찾는 곳이 교회라고 합니다. 그 사람들이 처음부터 교회에 찾아와서 하나님께 기도했으면 그처럼 고생하며 수고하지 않고 소원이 이루어졌을 것입니다.

목장에서 소원기도회를 열고 불신자들을 초청하여 하나님께 기도하게 한다면 소원도 이루고 구원도 받는 축복이 나타날 것입니다.

남묘호랭개교는 매일 말도 안 되는 주문을 외우면서 소원이 이루어진다고 하는데, 전지전능하신 하나님께 기도하면 틀림없이 이루어 주실 것입니다.

목자들이 힘을 내서 소원기도회를 열어보는 것이 좋을 것입니다. 그렇게 하면 목장원들도 소원을 이룰 수 있고 일석이조의 효과를 볼 수 있을 것입니다.

2009년 5월 25일

서재에서 권영구 목사

# C·o·n·t·e·n·t·s


머리말 ...4

50일 소원기도문 ...8

첫 번째 모임_ 불임 여자의 소원을 들어주신 하나님...11

두 번째 모임_ 죽을병에서 치료 받는 소원을 들어주신 하나님...17

세 번째 모임_ 회당장 야이로의 소원을 들어주신 하나님...25

네 번째 모임_ 먹을 양식을 공급해 달라는 소원을 들어주신 하나님...31

다섯 번째 모임_ 귀신들린 자녀 아버지의 소원을 들어주신 하나님...39

여섯 번째 모임_ 가뭄 중에 비를 내려달라는 소원을 들어주신 하나님...47

일곱 번째 모임_ 소원기도를 들으시고 지혜와 부귀영화를 주신 하나님...53

여덟 번째 모임_ 인생의 큰 환난 중에 소원을 들어주신 하나님...61

소원기도 운영법 ...67

# 50일 소원기도

소원 기도 모임

# 50일 소원기도

1. 많은 사람들이 이 기도문대로 기도한 후 소원이 이루어졌습니다.

2. 누구든지 여기에 기록된 것을 읽고 따라하면 소원이 이루어집니다.

3. 반드시 50일 동안 하루 10분씩 3번을 해야 합니다.

4. 이 기도문을 다른 7명에게 기도하도록 전달하면 특별한 복이 임합니다.

5. 소원이 이루어지신 분이 아래의 사이트에 기록을 남겨 주시면 책을 선물로 드리겠습니다.

(www.cross9191.com)



구입문의 - 중원출판사 (02) 2617-2044

# 소원기도문

하나님 아버지의 이름이 거룩히 여김을 받으시기 원합니다. 하나님 나라가 나에게 임하기를 원합니다. 하나님의 뜻이 땅에서 이루어지며 나에게도 이루어지기를 원합니다.

나의 소원은 (                                        )입니다.

하나님께서 이루어 주시기를 원합니다.

하나님의 뜻에 따라 다른 사람 (   이름   )의 죄를 용서합니다. 그리고 나의 죄도 고백하오니 용서해 주십시오.

하나님! 내가 시험 들지 않도록 마귀로부터 보호해 주십시오. 그리고 나는 악합니다. 여러 가지 악에서 구해 주십시오.

나라와 권세와 영광이 하나님 아버지께 영원히 있습니다.

예수님의 이름으로 기도합니다.

할렐루야! 할렐루야! 할렐루야! 할렐루야!
할렐루야! 할렐루야! 할렐루야! 할렐루야!
(10분간 기도)

(시 21:2) “그의 마음의 소원을 들어 주셨으며
그의 입술의 요구를 거절하지 아니하셨나이다”

## 소원기도 모임

한국 사람들은 전통적으로 100일 기도를 많이 드렸습니다. 그래서 우리들의 습관 속에는 100일 기도가 많이 각인되어 있습니다.

성경에 보면 오순절 날 성령님이 임하셨습니다. 그래서 50일 기도회를 생각하게 되었습니다.

100일 소원기도회는 기간이 좀 긴 것처럼 느껴졌고, 50일 기도회를 하면 8주안에 마칠 수 있기 때문에 50일 기도회로 정했습니다.

50일 소원기도회를 하면 일단 성도들도 소원기도를 할 수 있어서 좋고, 불신자들도 자신의 소원을 기도할 수 있어서 부담 없이 할 수 있다고 생각됩니다.

불신자들에게 소원기도 운동을 벌이면 그들도 좋고 우리에게도 좋은 일이 생깁니다.

소원기도 운동이 불신자들에게 많이 퍼져서 그들이 할렐루야를 많이 부르면 자연스럽게 마귀를 물리치고 하나님을 믿게 될 것입니다.

첫 번째 모임

# 불임 여자의 소원을 들어주신 하나님

**『여자 사형수의 마지막 소원』**

사형선고를 받은 여죄수가 사형장에서 구치소 소장과 검사의 입회하에 사형집행을 받게 되었는데, 목사의 설교가 끝나자 검사가 말했습니다.

"최후의 소원이 없는가? 먹고 싶은 것이 있으면 말하게."

"먹고 싶은 것은 없어요."

"마지막으로 기분전환도 할 겸 술이라도 한 잔 할까?"

"그것도 싫어요."

"마지막으로 소원을 들어 줄 테니 한 가지만 말해라."

"그게 사실이라면 한 가지만 말씀드리지요. 그런데 들어주실는지… 저… 저는 아기를 낳고 싶어요."

(임신 중인 사형수는 아이가 엄마 젖을 먹지 않을 때까지 사형집행이 연기되었습니다)

## 환 영

- 친숙해지기

유머 한 가지씩 말하기
(질문형식은 안 됨)

## 경배와 찬양

- 쉬운 찬양

## 말씀 나누기

(삼상 1:4-20) "[4] 엘가나가 제사를 드리는 날에는 제물의 분깃을 그의 아내 브
닌나와 그의 모든 자녀에게 주고 [5] 한나에게는 갑절을 주니 이는 그를 사랑함
이라 그러나 여호와께서 그에게 임신하지 못하게 하시니 [6] 여호와께서 그에게
임신하지 못하게 하시므로 그의 적수인 브닌나가 그를 심히 격분하게 하여 괴롭
게 하더라 [7] 매년 한나가 여호와의 집에 올라갈 때마다 남편이 그같이 하매 브
닌나가 그를 격분시키므로 그가 울고 먹지 아니하니 [8] 그의 남편 엘가나가 그
에게 이르되 한나여 어찌하여 울며 어찌하여 먹지 아니하며 어찌하여 그대의 마
음이 슬프냐 내가 그대에게 열 아들보다 낫지 아니하냐 하니라 [9] 그들이 실로
에서 먹고 마신 후에 한나가 일어나니 그 때에 제사장 엘리는 여호와의 전 문설
주 곁 의자에 앉아 있었더라 [10] 한나가 마음이 괴로워서 여호와께 기도하고 통
곡하며 [11] 서원하여 이르되 만군의 여호와여 만일 주의 여종의 고통을 돌보시
고 나를 기억하사 주의 여종을 잊지 아니하시고 주의 여종에게 아들을 주시면 내
가 그의 평생에 그를 여호와께 드리고 삭도를 그의 머리에 대지 아니하겠나이다

[12] 그가 여호와 앞에 오래 기도하는 동안에 엘리가 그의 입을 주목한즉 [13] 한
나가 속으로 말하매 입술만 움직이고 음성은 들리지 아니하므로 엘리는 그가 취
한 줄로 생각한지라 [14] 엘리가 그에게 이르되 네가 언제까지 취하여 있겠느냐
포도주를 끊으라 하니 [15] 한나가 대답하여 이르되 내 주여 그렇지 아니하니이
다 나는 마음이 슬픈 여자라 포도주나 독주를 마신 것이 아니요 여호와 앞에 내
심정을 통한 것뿐이오니 [16] 당신의 여종을 악한 여자로 여기지 마옵소서 내가
지금까지 말한 것은 나의 원통함과 격분됨이 많기 때문이니이다 하는지라 [17]
엘리가 대답하여 이르되 평안히 가라 이스라엘의 하나님이 네가 기도하여 구한
것을 허락하시기를 원하노라 하니 [18] 이르되 당신의 여종이 당신께 은혜 입기
를 원하나이다 하고 가서 먹고 얼굴에 다시는 근심 빛이 없더라 [19] 그들이 아침
에 일찍이 일어나 여호와 앞에 경배하고 돌아가 라마의 자기 집에 이르니라 엘가
나가 그의 아내 한나와 동침하매 여호와께서 그를 생각하신지라 [20] 한나가 임
신하고 때가 이르매 아들을 낳아 사무엘이라 이름하였으니 이는 내가 여호와께
그를 구하였다 함이더라"

1. 말씀을 이야기로 풀어 전달하십시오.

(말씀나누기 인도자)

2. 내가 깨달은 것을 적으십시오.

1) 한나의 소원은 무엇이었습니까?

2) 한나는 소원을 어떤 신에게 기도했습니까?

3) 한나는 소원을 이루었습니까?

3. 결 론

당신도 소원을 하나님께 기도하면 얻을 수 있습니다.

## 사 역

1. 소원성구 암송

(시 21:2) "그의 마음의 소원을 들어 주셨으며 그의 입술의 요구를 거절하지 아니하셨나이다 (셀라)"

2. 사역 합심 통성기도

1) 불신자의 소원을 말하게 하고 함께 기도합니다.
2) 목장원의 소원을 놓고 기도합니다.
3) 교회의 소원을 놓고 기도합니다.

3. 개인 소원기도

## 소원기도회 후 결과 보고

1. 목자는 교회에 소원기도 결과 보고서를 작성하여 제출해야 합니다.

2. 다음 주 소원기도회에 더 많은 인원을 참석시킬 수 있는 방법을 의논하여 각각 목표를 주고 달성하도록 최선을 다해야 합니다.

3. 이번에 많은 영혼을 추수하려는 영적 욕심이 있어야 합니다.

## 「강도에게 전도한 김○○ 집사」

오래 전 이야기입니다. ○○교회 김○○ 집사님은 신앙이 남다르신 분으로 교회 건축헌금도 가난한 생활 중에 급전을 둘러서 헌금하며 충성한 집사님으로 알려졌습니다.

어느 날 밤, 하루 일과를 마치고 잠들어 있는데 이상한 예감에 잠자리에서 눈을 뜬 집사님은 놀라지 않을 수 없었습니다.

복면강도가 칼을 번쩍거리면서 "생명이냐, 돈이냐, 어느 것을 택하겠느냐"며 덤벼들었습니다.

강도가 요구한 돈은 10만원이었습니다. 집사님은 놀라움보다 '하나님, 저 사람을 구원해 주옵소서. 불쌍히 여기옵소서.' 하는 마음의 뜨거움이 솟아올랐습니다. 그래서 입을 열었습니다.

"여보시오. 당신이 필요한 것은 가져가되 한 가지만 약속합시다. 예수 믿고 오늘부터 이런 일을 청산하십시오."

강도는 5만 원짜리 수표와 카메라, 금반지를 가지고 3년 후에 갚겠다고 하고서는 달아났습니다.

김○○ 집사님은 하나님께 감사의 기도를 드렸습니다. 그리고 "하나님, 저 영혼을 불쌍히 여기옵소서. 주님의 사랑으로 강권하옵소서."하고 기도하였다 합니다.

두 번째 모임

# 죽을병에서 치료 받는 소원을 들어주신 하나님

## 『남편을 위한 기도』

어떤 교회의 여집사가 목사님을 찾아와서 "목사님, 제가 도무지 소화가 안 되고 심한 신경쇠약과 불면증 때문에 고생을 합니다."라고 말했습니다.

목사님은 여집사의 말을 듣고서 "집사님, 혹시 마음속으로 미워하는 사람이 없습니까? 미워하는 사람이 있으면 이제부터 그 사람을 용서하고 축복하고 그를 위해 기도해 주십시오. 그러면 집사님의 문제는 다 해결될 것입니다."라고 말했습니다.

여집사는 펄쩍 뛰었습니다.

"아니, 내가 그런 날벼락 맞아 죽을 놈을 위해 기도해요? 난 절대로 용서를 못해요!"

"그게 누굽니까?"

"애 아비지요. 자식까지 낳고서는 나를 버리고 첩하고 나간 지 7년이 되었어요. 그동안 소식도 없고 우리를 돌봐주지도 않고 생활비도 준 적이 전혀 없어요 글쎄. 그러니 얼마나 그 놈이 밉겠어요? 지금도 그놈 생각하면 치가 떨

린다고요!"

목사님은 여집사에게 다음과 같이 권했습니다.

"집사님이 소화가 안 되고 잠도 안 오고 신경쇠약에 걸려 고생하는 원인은 바로 남편에 대한 미움 때문입니다. 그러니 마음속으로부터 남편을 용서하라는 것입니다. 정말로 용서하는 겁니다. 그러면 마음속에 도사리고 있는 미워하는 마귀가 물러가고 평화가 찾아 올 뿐만 아니라, 남편의 마음속에서 역사하는 마귀도 물러가고 아내를 사랑하는 마음으로 변할 것입니다."

그러니 이제부터 남편을 위해 40일 동안 기도하되 남편을 사랑할 수 있는 마음을 달라고 기도하라고 말하였습니다.

여집사는 목사님이 권하는 대로 하루에 세 번씩 남편을 위해 40일간 기도하기를 시작했습니다. 그러자 이상하게 여집사의 마음이 평안해지고 잠도 잘 오고 소화도 잘 되는 것입니다. 그렇게 40일 기도가 끝난 후에 뜻밖에도 남편에게서 편지가 왔습니다.

"웬일인지 당신이 나를 위해 눈물을 흘리면서 기도하는 모습이 눈에 보이는데 혹 나를 미워한다면 용서해 주기를 바란다."고 하면서 1년에 100만원씩 계산하여 700만원을 보내니 제발 미워하지 말아달라는 내용이었습니다.

여집사는 700만원을 받고 너무너무 기뻐서 편지하기를 "당신이 보내준 돈을 감사히 받았다"는 내용과 함께 과거의 잘못을 다 용서했으니 제발 변화되어 천국의 사람 되기를 기도한다는 답서를 보냈습니다.

그러던 어느 날, 크리스마스가 다가오는데 남편으로부터 "첩과의 생활을 청산하고 당신에게로 돌아가고 싶다"며 지난 죄를 용서하고 나를 받아 달라는 편지가 왔습니다.

그 후 여집사님은 남편과 다시 재회하여 과거의 처음 사랑보다 더 아름다운 생활을 하고 있습니다.

우리 성도들의 무기는 기도입니다. 기도하면 소원이 이루어집니다.

## 환 영

● 친숙해지기

유머 한 가지씩 말하기
(질문형식은 안 됨)

## 경배와 찬양

● 쉬운 찬양

## 말씀나누기

(왕하 20:1-11) "[1] 그 때에 히스기야가 병들어 죽게 되매 아모스의 아들 선지자
이사야가 그에게 나아와서 그에게 이르되 여호와의 말씀이 너는 집을 정리하라
네가 죽고 살지 못하리라 하셨나이다 [2] 히스기야가 낯을 벽으로 향하고 여호와
께 기도하여 이르되 [3] 여호와여 구하오니 내가 진실과 전심으로 주 앞에 행하며
주께서 보시기에 선하게 행한 것을 기억하옵소서 하고 히스기야가 심히 통곡하
더라 [4] 이사야가 성읍 가운데까지도 이르기 전에 여호와의 말씀이 그에게 임하
여 이르시되 [5] 너는 돌아가서 내 백성의 주권자 히스기야에게 이르기를 왕의 조
상 다윗의 하나님 여호와의 말씀이 내가 네 기도를 들었고 네 눈물을 보았노라 내
가 너를 낫게 하리니 네가 삼 일 만에 여호와의 성전에 올라가겠고 [6] 내가 네 날
에 십오 년을 더할 것이며 내가 너와 이 성을 앗수르 왕의 손에서 구원하고 내가
나를 위하고 또 내 종 다윗을 위하므로 이 성을 보호하리라 하셨다 하라 하셨더라
[7] 이사야가 이르되 무화과 반죽을 가져오라 하매 무리가 가져다가 그 상처에 놓
으니 나으니라 [8] 히스기야가 이사야에게 이르되 여호와께서 나를 낫게 하시고

삼 일 만에 여호와의 성전에 올라가게 하실 무슨 징표가 있나이까 하니 [9] 이사
야가 이르되 여호와께서 하신 말씀을 응하게 하실 일에 대하여 여호와께로부터
왕에게 한 징표가 임하리이다 해 그림자가 십도를 나아갈 것이니이까 혹 십도를
물러갈 것이니이까 하니 [10] 히스기야가 대답하되 그림자가 십도를 나아가기는
쉬우니 그리할 것이 아니라 십도가 뒤로 물러갈 것이니이다 하니라 [11] 선지자
이사야가 여호와께 간구하매 아하스의 해시계 위에 나아갔던 해 그림자를 십도
뒤로 물러가게 하셨더라"

1. 말씀을 이야기로 풀어 전달하십시오.

(말씀나누기 인도자)

2. 내가 깨달은 것을 적으십시오.

1) 히스기야의 소원은 무엇이었습니까?

2) 히스기야는 소원을 어떤 신에게 기도했습니까?

3) 히스기야는 소원을 이루었습니까?

3. 결 론

당신도 소원을 하나님께 기도하면 얻을 수 있습니다.

## 사 역

1. 소원성구 암송

(시 20:4) "네 마음의 소원대로 허락하시고 네 모든 계획을 이루어 주시기를 원하노라"

2. 사역 합심 통성기도

1) 불신자의 소원을 말하게 하고 함께 기도합니다.
2) 목장원의 소원을 놓고 기도합니다.
3) 교회의 소원을 놓고 기도합니다.

3. 개인 소원기도

## 소원기도회 후 결과 보고

1. 목자는 교회에 소원기도 결과 보고서를 작성하여 제출해야 합니다.

2. 다음 주 소원기도회에 더 많은 인원을 참석시킬 수 있는 방법을 의논하여 각각 목표를 주고 달성하도록 최선을 다해야 합니다.

3. 이번에 많은 영혼을 추수하려는 영적 욕심이 있어야 합니다.

## 「김OO 권사의 간증」

'살아 있는 간증인들' 이란 책을 보면 1년에 104명을 전도한 김○○ 권사에 대한 이야기가 있습니다.

상도동 ○○교회는 30여 년의 역사를 가지고 있었지만 성도 수는 겨우 100여 명에 불과하였습니다.

하지만 부임한 교역자의 치밀한 목회계획과 숨어서 봉사하고 전도하는 주의 일꾼들의 피눈물 나는 기도와 헌신의 노력으로 하나님의 축복을 받아, 1976년 현재는 600여 명의 성도로 부흥됐다고 합니다. 2년 만에 여섯 배의 부흥을 이룩한 것입니다.

본 교회 담임 목사님은 이 놀라운 부흥을 김○○ 권사의 신앙에 불타는 열의로 쉬지 않은 전도의 공로라고 말합니다.

김○○ 권사가 상도동 ○○교회에 들어온 지가 10년이 넘었으나 교회의 형편은 한심스러웠습니다. 그런데 하나님께서 김 권사에게 은혜와 지혜를 주셔서 성경의 진리를 깨닫게 하셨고, 전도의 은사를 주셨습니다. 김 권사에게 특별한 전도 방법은 없었습니다. 어떤 물질로 구제를 한 것도 아니었고, 사회봉사를 통한 것도 아니었습니다. 다만 자신이 구원받은 확신을 가지고 주위의 영혼을 불쌍히 여기는 마음으로 전도에 임할 뿐이었습니다.

김 권사의 전도 비결은 곧 "말씀대로 살아서 소금과 빛 된 생활을 다 하자"는 것이었습니다. 그 결과 많은 사람들이 상담을 요청해 왔고, 김 권사는 "주일날 교회에서 만나자"고 해서 교회 나오기를 권유했습니다.

이렇게 한 주일에 두서너 명씩을 계속 등록시킨다고 합니다. 김 권사는 등록한 성도가 주일날 출석하지 않으면 아무리 바빠도 심방을 하였습니다. 그리고 어떤 구역을 맡기든지 조금도 불평 없이 전도하고 양육하여 두 구역, 세 구역으로 확장시켰습니다.

이렇게 해서 부흥이 되어 작년 한 해에 104명의 영혼을 전도하여 등록시켰다고 합니다.

김 권사는 상도 ○○교회의 보배가 된 것입니다.

# 회당장 야이로의 소원을 들어주신 하나님

## 『위험 중에 드린 기도의 응답』

서울 서대문구 옥천동에 살고 있는 정○○ 씨의 간증을 소개합니다. 정씨는 군대 영장이 늦게 나와 25세에 군에 입대하여 논산 훈련소에서 훈련을 마치고 공병대로 들어가 용접 기술을 배웠습니다.

그곳에서 일한 지 3개월쯤 지난 어느 날, 최전방에 용접할 것이 있다는 명령을 받고 작업장을 찾아 갔는데 그곳은 북한에서 불과 2킬로 떨어진 지점으로 그곳에서 소리를 크게 지르면 북한에서 듣고 대답할 정도로 가까운 곳이었습니다.

그곳에 설치해 놓은 철조망이 모종의 사건으로 인해 잘라져서 새로 만든 관측초소 둘레에 철조망을 치는 작업을 하는 것이었습니다. 정씨는 일개 분대의 호위를 받으며 용접을 시작했습니다.

그날따라 더워서 그런지 발동기가 돌아가지를 않았습니다. 그래서 땀도 식힐 겸해서 분대장에게 허락을 맡고 작업장에서 북쪽으로 1백 50미터 떨어진 우물로 재빨리 뛰어가 급하게 물을 몸에 끼얹고 서둘러서 옷을 입고 있었습니다.

그때 어디선가 나지막한 목소리로 "손들고 이리 나와" 하는 것입니다. 정씨는 소스라치게 놀랐고 피가 멎는 것 같았습니다. 정씨는 떨면서 옷을 마저 입고 소리가 난 지점을 향해 발걸음을 옮겼습니다. 그곳에서는 괴뢰군 세 명이 정씨를 향해 총을 겨누고 있었습니다.

그들은 정씨에게 여러 가지를 묻더니 노끈으로 손발을 묶고 수건으로 입을 틀어막아 근처에 있는 구덩이에 밀어 넣어버렸습니다. 정씨는 몸부림을 쳤습니다. 정씨가 끙끙거리며 몸부림을 치자 수건을 빼주며 떠들면 당장 죽여 버린다고 위협했습니다.

참으로 기가 막혔고 꼭 죽을 것만 같았습니다. 그때 문득 기도할 감동이 와서 기도를 드리기 시작했습니다. 간절하게 눈물로 기도하니까 어느 정도 평안이 왔고 정씨는 조그맣게 찬송을 불렀습니다. "갈 길을 밝히 보이시니 주 앞에 빨리 나갑시다." 그때 그들 중 한 명이 그에게 가까이 오더니 하늘을 가리키며 하나님을 믿느냐고 물었습니다. 그래서 그렇다고 대답하고 북한에도 하나님을 믿는 사람이 있느냐고 물었더니 "우리에겐 그런 사람이 없소"라고 대답했습니다.

한참 후에 그는 정씨에게 다음과 같은 이야기를 들려주었습니다. 벌써 오래 전에 자기의 부모가 당의 경고를 무시하고 지하교회에서 예배를 드리다가 이웃 사람의 고발로 처형을 당했다는 것입니다. 그러면서 그의 눈에 눈물이 글썽거렸습니다.

그 후, 그는 자기 동료들에게 가서 한참 동안 무슨 말인지 주고받더니 다시 와서 정씨를 풀어주면서 "빨리 도망가쇼."하고는 자기를 위해 기도해 달라는 것이었습니다.

정씨는 (시 50:15) **"환난 날에 나를 부르라 내가 너를 건지리니 네가 나를 영화롭게 하리라"**는 말씀 같이 죽을 위험을 당했을 때 하나님께 기도하여 살게 되었습니다.

## 환 영

● 친숙해지기

유머 한 가지씩 말하기
(질문형식은 안 됨)

## 경배와 찬양

● 쉬운 찬양

## 말씀 나누기

(눅 8:41-56) "[41] 이에 회당장인 야이로라 하는 사람이 와서 예수의 발 아래에
엎드려 자기 집에 오시기를 간구하니 [42] 이는 자기에게 열두 살 된 외딸이 있어
죽어감이러라 예수께서 가실 때에 무리가 밀려들더라 [43] 이에 열두 해를 혈루
증으로 앓는 중에 아무에게도 고침을 받지 못하던 여자가 [44] 예수의 뒤로 와서
그의 옷 가에 손을 대니 혈루증이 즉시 그쳤더라 [45] 예수께서 이르시되 내게 손
을 댄 자가 누구냐 하시니 다 아니라 할 때에 베드로가 이르되 주여 무리가 밀려
들어 미나이다 [46] 예수께서 이르시되 내게 손을 댄 자가 있도다 이는 내게서 능
력이 나간 줄 앎이로다 하신대 [47] 여자가 스스로 숨기지 못할 줄 알고 떨며 나
아와 엎드리어 그 손 댄 이유와 곧 나은 것을 모든 사람 앞에서 말하니 [48] 예수
께서 이르시되 딸아 네 믿음이 너를 구원하였으니 평안히 가라 하시더라 [49] 아
직 말씀하실 때에 회당장의 집에서 사람이 와서 말하되 당신의 딸이 죽었나이다
선생님을 더 괴롭게 하지 마소서 하거늘 [50] 예수께서 들으시고 이르시되 두려
워하지 말고 믿기만 하라 그리하면 딸이 구원을 얻으리라 하시고 [51] 그 집에 이

르러 베드로와 요한과 야고보와 아이의 부모 외에는 함께 들어가기를 허락하지
아니하시니라 [52] 모든 사람이 아이를 위하여 울며 통곡하매 예수께서 이르시되
울지 말라 죽은 것이 아니라 잔다 하시니 [53] 그들이 그 죽은 것을 아는 고로 비
웃더라 [54] 예수께서 아이의 손을 잡고 불러 이르시되 아이야 일어나라 하시니
[55] 그 영이 돌아와 아이가 곧 일어나거늘 예수께서 먹을 것을 주라 명하시니
[56] 그 부모가 놀라는지라 예수께서 경고하사 이 일을 아무에게도 말하지 말라
하시니라"

1. 말씀을 이야기로 풀어 전달하십시오.

(말씀나누기 인도자)

2. 내가 깨달은 것을 적으십시오.

1) 야이로의 소원은 무엇이었습니까?

2) 야이로는 소원을 어떤 신에게 기도했습니까?

3) 야이로는 소원을 이루었습니까?

3. 결 론

당신도 소원을 하나님께 기도하면 얻을 수 있습니다.

## 사 역

1. 소원성구 암송

(시 37:4) "또 여호와를 기뻐하라 그가 네 마음의 소원을 네게 이루어 주시리로다"

2. 사역 합심 통성기도

1) 불신자의 소원을 말하게 하고 함께 기도합니다.
2) 목장원의 소원을 놓고 기도합니다.
3) 교회의 소원을 놓고 기도합니다.

3. 개인 소원기도

## 소원기도회 후 결과 보고

1. 목자는 교회에 소원기도 결과 보고서를 작성하여 제출해야 합니다.

2. 다음 주 소원기도회에 더 많은 인원을 참석시킬 수 있는 방법을 의논하여 각각 목표를 주고 달성하도록 최선을 다해야 합니다.

3. 이번에 많은 영혼을 추수하려는 영적 욕심이 있어야 합니다.

## 「무료로 하숙을 받아 전도한 변 장로」

변○○ 장로는 인천 부평 ○○교회에서 시무하고 있습니다.

그는 그 동네에서 싸움 잘하기로 이름난 청년이었으나 예수를 믿고 변화되어서 교회를 위해 충성을 아끼지 않았습니다. 변 장로는 구두 수선집을 하면서 돈을 벌었는데, 번 돈을 자기 자신을 위해 쓰는 것보다 교회와 복음 사업을 위해 쓰는 것이 그의 철학이었습니다. 그의 생활 전체가 전도의 생활이었습니다. 낮에는 구두 수선을 하며 직접, 간접으로 전도했고 또 자기 집에 무료 하숙생을 받아 그들에게 복음을 증거 했습니다.

〈하숙생 모집. 단, 주인의 말만 잘 들으면 하숙비 일체 무료〉 라는 내용의 광고를 부평시내 몇 곳에 붙여 놓으면 많은 직공이나 학생들이 모여듭니다. 일단 이들이 변 장로 집에 들어오면 규칙적인 생활부터 시작됩니다.

새벽 4시만 되면 변 장로는 하숙생들을 깨웁니다. 그리고는 하는 말이 "교회 갑시다."입니다. 이렇게 해서 모든 하숙생들을 새벽 기도회로 인도하는 것입니다. 이런 생활이 매일 새벽 계속됩니다. 그리고 주일날에는 교회를 꼭 출석하게 합니다. 하숙생들 중에는 이런 생활을 못 견디겠다면서 떠나는 자들도 있으나 교회에 부지런히 출석하여 믿음을 지키는 자들도 있었습니다.

이렇게 변 장로는 많은 사람들을 전도하였습니다.

네 번째 모임

# 먹을 양식을 공급해 달라는 소원을 들어주신 하나님

## 『빈 접시를 놓고 기도한 식사기도』

믿음의 기도는 역사하는 힘이 많습니다. 영국의 자선사업가 조지 뮐러는 오직 믿음의 기도로써 6,000명의 고아를 길러냈습니다.

어느 날, 고아원에 양식이 떨어졌습니다. 요리사가 뮐러에게 말했습니다.

"저녁식사 시간인데 양식이 다 떨어졌습니다."

"염려할 것 없네. 식사 종을 치고 아이들을 식당에 모으게."

종을 치자 아이들이 우르르 식당에 모여들었습니다. 식탁 위에는 빈 그릇만 덩그러니 놓여 있었습니다. 뮐러는 아이들에게 말했습니다.

"여러분, 이제 머리를 숙여 일용할 양식을 주신 하나님께 식사기도를 합시다."

아이들이 수군대기 시작했습니다.

"빈 그릇을 놓고 무슨 기도야?"

이 소리를 들은 뮐러는

"염려하지 마세요. 하나님께서 곧 주실 것입니다."라고 말했습니다.

아이들이 고개를 숙이자 뮐러는 간절히 기도드렸습니다. 기도가 막 끝나자, 문 두드리는 소리가 나더니 어떤 낯선 신사가 인부를 시켜 큰 통 몇 개를 가지고 들어섰습니다.

"선생님, 오래 전부터 무언가 도와드리려고 생각했었는데 오늘에야 가지고 왔습니다."

통속에는 야채, 고기, 빵 등이 가득히 들어 있었습니다.

빈 접시를 놓고 기도했던 조지 뮐러의 믿음의 기도가 실로 놀랍기만 합니다. 그러나 보다 더 놀라운 것이 있으니 그의 기도를 정한 때에 한 치의 오차도 없이 들어주신 하나님의 사랑과 능력입니다. 하나님은 오늘도 살아 계셔서 믿음의 기도에 응답하십니다.

## 환 영

- 친숙해지기

유머 한 가지씩 말하기
(질문형식은 안 됨)

## 경배와 찬양

- 쉬운 찬양

## 말씀 나누기

(출 16:1-16) "[1] 이스라엘 자손의 온 회중이 엘림에서 떠나 엘림과 시내 산 사

이에 있는 신 광야에 이르니 애굽에서 나온 후 둘째 달 십오일이라 [2] 이스라엘
자손 온 회중이 그 광야에서 모세와 아론을 원망하여 [3] 이스라엘 자손이 그들에
게 이르되 우리가 애굽 땅에서 고기 가마 곁에 앉아 있던 때와 떡을 배불리 먹던
때에 여호와의 손에 죽었더라면 좋았을 것을 너희가 이 광야로 우리를 인도해 내
어 이 온 회중이 주려 죽게 하는도다 [4] 그 때에 여호와께서 모세에게 이르시되
보라 내가 너희를 위하여 하늘에서 양식을 비 같이 내리리니 백성이 나가서 일용
할 것을 날마다 거둘 것이라 이같이 하여 그들이 내 율법을 준행하나 아니하나 내
가 시험하리라 [5] 여섯째 날에는 그들이 그 거둔 것을 준비할지니 날마다 거두던
것의 갑절이 되리라 [6] 모세와 아론이 온 이스라엘 자손에게 이르되 저녁이 되면
너희가 여호와께서 너희를 애굽 땅에서 인도하여 내셨음을 알 것이요 [7] 아침에
는 너희가 여호와의 영광을 보리니 이는 여호와께서 너희가 자기를 향하여 원망
함을 들으셨음이라 우리가 누구이기에 너희가 우리에게 대하여 원망하느냐 [8]
모세가 또 이르되 여호와께서 저녁에는 너희에게 고기를 주어 먹이시고 아침에
는 떡으로 배불리시리니 이는 여호와께서 자기를 향하여 너희가 원망하는 그 말
을 들으셨음이라 우리가 누구냐 너희의 원망은 우리를 향하여 함이 아니요 여호
와를 향하여 함이로다 [9] 모세가 또 아론에게 이르되 이스라엘 자손의 온 회중에
게 말하기를 여호와께 가까이 나아오라 여호와께서 너희의 원망함을 들으셨느니
라 하라 [10] 아론이 이스라엘 자손의 온 회중에게 말하매 그들이 광야를 바라보
니 여호와의 영광이 구름 속에 나타나더라 [11] 여호와께서 모세에게 말씀하여
이르시되 [12] 내가 이스라엘 자손의 원망함을 들었노라 그들에게 말하여 이르기
를 너희가 해 질 때에는 고기를 먹고 아침에는 떡으로 배부르리니 내가 여호와 너
희의 하나님인 줄 알리라 하라 하시니라 [13] 저녁에는 메추라기가 와서 진에 덮
이고 아침에는 이슬이 진 주위에 있더니 [14] 그 이슬이 마른 후에 광야 지면에
작고 둥글며 서리 같이 가는 것이 있는지라 [15] 이스라엘 자손이 보고 그것이 무
엇인지 알지 못하여 서로 이르되 이것이 무엇이냐 하니 모세가 그들에게 이르되
이는 여호와께서 너희에게 주어 먹게 하신 양식이라 [16] 여호와께서 이같이 명
령하시기를 너희 각 사람은 먹을 만큼만 이것을 거둘지니 곧 너희 사람 수효대로

한 사람에 한 오멜씩 거두되 각 사람이 그의 장막에 있는 자들을 위하여 거둘지니라 하셨느니라"

1. 말씀을 이야기로 풀어 전달하십시오.

(말씀나누기 인도자)

2. 내가 깨달은 것을 적으십시오.

1) 이스라엘 자손의 소원은 무엇이었습니까?

2) 모세는 기도하여 이스라엘 자손의 소원을 해결했습니다. 하나님은 무엇을 주겠다고 하셨습니까?

3) 사람의 먹고 사는 문제를 해결해 주시는 분은 누구십니까?

3. 결 론

당신도 소원을 하나님께 기도하면 얻을 수 있습니다.

## 사 역

1. 소원성구 암송

(시 21:2) "그의 마음의 소원을 들어 주셨으며 그의 입술의 요구를 거절하지 아니하셨나이다 (셀라)"

2. 사역 합심 통성기도

1) 불신자의 소원을 말하게 하고 함께 기도합니다.
2) 목장원의 소원을 놓고 기도합니다.
3) 교회의 소원을 놓고 기도합니다.

3. 개인 소원기도

## 소원기도회 후 결과 보고

1. 목자는 교회에 소원기도 결과 보고서를 작성하여 제출해야 합니다.

2. 다음 주 소원기도회에 더 많은 인원을 참석시킬 수 있는 방법을 의논하여 각각 목표를 주고 달성하도록 최선을 다해야 합니다.

3. 이번에 많은 영혼을 추수하려는 영적 욕심이 있어야 합니다.

## 「대구 OO교회를 부흥시킨 손OO 권사」

손 권사는 한국교회의 상징이라고 할 수 있습니다.

그녀는 왜정 때 당한 핍박, 그리고 6·25동란의 비극을 생생히 보고 듣는 가운데서 신앙의 절개를 지킨 권사요, 한국교회를 부흥시킨 기도의 종이라고 이름이 났습니다.

일제의 압박은 날로 극성을 부렸고, 한민족을 일본인으로 만들어 영원한 자기들의 터전으로 삼으려는 야심을 그야말로 노골적으로 표시하여 천황 숭배를 강요하게 되었습니다.

이들의 핍박과 압박을 이기지 못하여 신사참배 한 기독교인은 날로 늘어가고, 심지어 총회에서까지 "신사참배는 죄가 아니다." 라고 결의케 되었습니다. 하지만 손 권사는 "나는 절대로 우상에게 굴하지 않겠다."하여 당시 봉직하던 대구 ○○교회 전도사직을 사임하고 북만주로 가서 하나님께 부르짖었습니다.

그곳에서 손 권사는 한국인이 사는 곳을 찾아 띄엄띄엄 한 가옥 한 가옥 찾아다니며 전도를 계속하였습니다.

여자의 몸으로 어떤 독지가의 전도비 보조가 있는 것도 아니었지만 목숨 걸고 그 넓은 만주를 누비면서 오직 복음에 미쳐 전도에만 열중하였습니다. 어떤 때는 배가 고파서 물로 배를 채웠고 발이 부르트도록 걸어 다녔습니다.

어느 날이었습니다. 삽시간에 내린 눈은 쌓이고 쌓여서 허리까지 찼습니다. 걸을 수도 없는 지경이었습니다. 마을에서 만난 폭설도 아니고 수십 리 길을 가야 하는 허허벌판 지대였습니다. 날은 어두워지고 눈은 계속 내려서 목까지 차올랐습니다. 이제는 꼼짝없이 죽는 길밖에 없었습니다.

"하나님, 내 영혼을 받으시옵소서. 내 민족은 아직 해방을 보지 못하고 있습니다. 내 민족에게 속히 해방을 주시옵소서. 이 종은 눈 속에서 죽겠나이다.”

이 기도가 끝나자 하나님께서 천사를 보내셨습니다. 갑자기 하늘의 영광의 빛이 임하더니 “○○야, 앞으로 나아가거라”하는 음성이 들리면서 하늘에서 불기둥이 내려와 눈 위로 고속도로와 같은 길을 내는 광경이 눈앞에 펼쳐지는 것이었습니다. 그때부터 걸음걸음이 힘들지 않고 누가 두 팔을 껴안고 달음질치는 것과 같이 아주 쉽게 동리까지 이르게 되었습니다.

그때부터 결심하기를 “하나님, 이제 하나님을 원망하지 않고 의심하지 않겠습니다. 죽을 때까지 주의 복음을 위해 살겠습니다.”하고 서원기도를 하였습니다.

얼마 후에 해방을 맞이하여 기쁨으로 대구 ○○교회로 오게 되었고, 불타는 심정으로 날마다 출근하듯이 이집 저집 찾아다니며 전도를 하였습니다. 억압과 압박 속에 시달렸던 민족인지라 어찌나 전도를 잘 받고 복음을 잘 받아들이는지, 한 주일에 몇 가정씩 전도하는데도 힘이 들지 않았다고 합니다.

그녀는 매일 밤 철야기도를 하다시피 하면서 날마다 전도하여 많은 영혼을 구원할 수 있었습니다.

# 귀신들린 자녀 아버지의 소원을 들어주신 하나님

## 『17년간 흉악한 귀신에 사로잡혔던 상태에서 해방』

저의 아들이 흉악한 귀신에 사로잡혀 고통의 나날을 보낸 지가 17년이나 되었는데, 지나온 세월을 돌이켜 보면 너무나 끔찍하고 몸서리쳐지는 악몽 같은 시간이었습니다.

한 해를 지내려면 온 동네가 발칵 뒤집히는 난리를 대여섯 번씩 치러야 했습니다. 한번 귀신이 발작하면 물불을 가리지 않았습니다. 닥치는 대로 때려부수고 곳곳에 불을 지르고 남의 집 지붕에 올라가 기왓장을 모조리 벗겨버리고, 괴성을 지르며 사람들을 위협하였습니다. 특히 여자들에게는 공포의 대상이 되어 온 동네가 초비상이 걸려 집집마다 대문을 걸어 잠그고 숨을 죽였습니다.

신체 건강한 장정들 대여섯 명이 힘을 합해 매달려서 붙잡으려 해도 당해낼 재간이 없었습니다. 지붕이 헐린 집, 담장이 무너진 집, 헛간이 무너진 집, 불탄 집 등 그 뒤치다꺼리를 감당하기가 여간 힘겨운 것이 아니었습니다. 어느 날은 하루에도 수십 차례 화장실을 드나들며 더 심한 증세를 보이더니, 아예 솥단지를 들고 화장실로 들어가 걸터앉아 그 많은 밥을 모조리 먹어 치운 후에야 슬슬 기어 나오는 것입니다. 글로 표현할 수 없을 정도의 어려움과 고초를 겪어야만 했는데 인심 좋기로 소문난 시골 산동네에서도 더 이상 공포를 이겨내지 못했습니다. "불안해서 못살겠다."며 동네사람들이 여러 차례 모여 회의를 한 결과 이제는 동네에서 추방하기로 결정을 내렸던 것입니다. 도저히 회생 불가능한 인생, 이제는 사생결단을 내려야겠다고 생각되어 차라리 생을 마감하는 것이 아들한테도 편하고 살아있는 부모에게도 짐을 덜어주는 길이 아니겠는가 하는 마음도 들었습니다.

그러나 인간의 생과 사를 어찌 사람의 힘으로 결정할 수가 있겠습니까? 하는 수 없이 동네에서 추방당해 청주에 있는 맏아들 집으로 데려갔습니다. 그러던 중, 청주 ○○교회에 다니는 질부의 전도로 등록을 하고 교회에 나가게 되었습니다. 처음 목사님을 뵈었을 때 주님을 믿고 헌신적인 기도로 호소하면 고치지 못할 병이 없다는 희망적인 말씀을 해 주셨습니다.

그렇게 ○○교회 기도실에서 철야기도를 시작한 어느 날, 기적이 일어났습니다. 순하면서도 포악한 양면성을 지녔던 아들의 마음이 온유한 마음으로 탈바꿈되는 넘치는 축복이 일어났습니다.

17년 동안 흉악한 귀신의 사슬에 얽매어 살던 아들이 예수님의 이름으로 깨끗함을 받아 그리운 고향으로 금의환향하게 되었습니다.

지금은 동네에서도 모범 청년의 표본으로 자라나 기둥의 역할을 돈독히 해내고 있습니다. 이렇게 말로 형용할 수 없을 정도로 넘치는 축복을 내려주신 하나님께 영광을 바칩니다.

## 환 영

- 친숙해지기

유머 한 가지씩 말하기
(질문형식은 안 됨)

## 경배와 찬양

- 쉬운 찬양

## 말씀 나누기

(막 9:17-29) "[17] 무리 중의 하나가 대답하되 선생님 말 못하게 귀신 들린 내 아
들을 선생님께 데려왔나이다 [18] 귀신이 어디서든지 그를 잡으면 거꾸러져 거품
을 흘리며 이를 갈며 그리고 파리해지는지라 내가 선생님의 제자들에게 내쫓아
달라 하였으나 그들이 능히 하지 못하더이다 [19] 대답하여 이르시되 믿음이 없
는 세대여 내가 얼마나 너희와 함께 있으며 얼마나 너희에게 참으리요 그를 내게
로 데려오라 하시매 [20] 이에 데리고 오니 귀신이 예수를 보고 곧 그 아이로 심
히 경련을 일으키게 하는지라 그가 땅에 엎드러져 구르며 거품을 흘리더라 [21]
예수께서 그 아버지에게 물으시되 언제부터 이렇게 되었느냐 하시니 이르되 어
릴 때부터니이다 [22] 귀신이 그를 죽이려고 불과 물에 자주 던졌나이다 그러나
무엇을 하실 수 있거든 우리를 불쌍히 여기사 도와 주옵소서 [23] 예수께서 이르
시되 할 수 있거든이 무슨 말이냐 믿는 자에게는 능히 하지 못할 일이 없느니라
하시니 [24] 곧 그 아이의 아버지가 소리를 질러 이르되 내가 믿나이다 나의 믿음
없는 것을 도와주소서 하더라 [25] 예수께서 무리가 달려와 모이는 것을 보시고
그 더러운 귀신을 꾸짖어 이르시되 말 못하고 못 듣는 귀신아 내가 네게 명하노니
그 아이에게서 나오고 다시 들어가지 말라 하시매 [26] 귀신이 소리 지르며 아이

로 심히 경련을 일으키게 하고 나가니 그 아이가 죽은 것 같이 되어 많은 사람이
말하기를 죽었다 하나 [27] 예수께서 그 손을 잡아 일으키시니 이에 일어서니라
[28] 집에 들어가시매 제자들이 조용히 묻자오되 우리는 어찌하여 능히 그 귀신
을 쫓아내지 못하였나이까 [29] 이르시되 기도 외에 다른 것으로는 이런 종류가
나갈 수 없느니라 하시니라"

1. 말씀을 이야기로 풀어 전달하십시오.

(말씀나누기 인도자)

2. 내가 깨달은 것을 적으십시오.

1) 귀신들린 아이 아버지의 소원은 무엇이었습니까?

2) 아이의 아버지는 누구에게 소원을 이루어 달라고 부탁하고 있습니까?

3) 귀신이 꼼짝 못하고 나가면서 아이에게 어떤 일이 일어났습니까?

3. 결 론

당신도 소원을 하나님께 기도하면 얻을 수 있습니다.

## 사 역

1. 소원성구 암송

(시 145:16) "손을 펴사 모든 생물의 소원을 만족하게 하시나이다"

2. 사역 합심 통성기도

1) 불신자의 소원을 말하게 하고 함께 기도합니다.
2) 목장원의 소원을 놓고 기도합니다.
3) 교회의 소원을 놓고 기도합니다.

3. 개인 소원기도

## 소원기도회 후 결과 보고

1. 목자는 교회에 소원기도 결과 보고서를 작성하여 제출해야 합니다.

2. 다음 주 소원기도회에 더 많은 인원을 참석시킬 수 있는 방법을 의논하여 각각 목표를 주고 달성하도록 최선을 다해야 합니다.

3. 이번에 많은 영혼을 추수하려는 영적 욕심이 있어야 합니다.

## 「11명을 전도한 사형수」

'고목에서 샘물이 흐르고' 라는 책을 보면 유명한 사형수 김○○ 씨가 나옵니다. 그는 13살 때 너무너무 배가 고파서 시골 고향을 뛰쳐나왔다가 서울역 근처에서 소매치기에게 붙잡혀 본의 아니게 남의 호주머니를 노리며 이리저리 돌아다니는 생활을 하였습니다. 그러다가 잘못된 생활을 청산하고 다시 시골로 내려와 나무장사를 하며 좋은 아내와 결혼도 했으나 가난은 여전하였습니다.

할 수 없이 어떤 농장의 머슴으로 들어가 3개월간 죽도록 일했습니다. 그런데 농장 주인이 1만 5천원을 주고 내쫓는 것이었습니다. 그는 분한 마음에 술을 먹고 행패를 부렸고 잘못하여 주인을 살해하게 되었습니다.

결국 사형언도를 받았는데 그곳에서 예수를 구주로 영접하게 되었습니다. 그는 전도하고 싶은 마음에 불타 견딜 수 없었습니다. 그래서 쇠고랑을 찬 채 성경을 펴들고 감방 안에 있는 죄수들에게 열심히 전도하여 11명이나 예수를 믿게 했습니다.

그 사람들 중에 김○○ 사장과 깡패 이○○ 이 있었습니다. 특히 김○○ 사장은 그때의 상황을 이렇게 간증합니다.

"김○○ 씨는 새로 들어온 나에게 새번역 성경과 특수 선교용으로 만들어진 찬송가를 주었습니다. 그리고 사랑으로 접근하여 예수 그리스도를 소개했습니다. 처음에는 회피하고 받아들이기를 꺼려했으나, 사형수로서 언제 죽을지 모르는 공포감으로 고통스러운 감방생활임에도 불구하고 무거운 쇠고랑을 찬 채 성경을 펴들고 말씀을 전하고 열심히 찬송을 부르며 전도하는 모습이 기어이 나로 하여금 예수를 믿기로 작정하게 만들었습니다."

김○○ 사장은 자신의 지난날의 잘못을 다음과 같이 고백했습니다.

"저의 아내는 ○○교회의 집사였지요. 저는 아내가 너무 열심히 교회생활 하는 것이 못마땅하여 성경, 찬송을 불태워버리고 아내의 신앙생활을 방해했던 사람입니다. 그런데 아내는 아무 저항도 하지 않고 변함없이 교회에 출석하는 것이었습니다.

그래서 저는 더 심한 방법으로 아내의 발길을 교회에서 끊으려고 생각했었는데 뜻하지 않았던 부도수표 사건으로 체포된 것입니다. 처음에는 저도 여편네가 남편의 말을 듣지 않으니 제대로 일이 잘 될 리가 만무하다고 생각했습니다. 그러나 지금은 이곳에 보내주신 하나님께 감사합니다. 저의 아내가 생명을 걸고 교회 나가는 이유를 이제야 알았습니다."

김○○ 사장은 믿기를 완강히 거부했던 사람이었습니다.

또 이○○ 씨는 김○○ 씨에게 이렇게 말했었다고 합니다.

"당신이 사형수만 아니었으면 나는 벌써 성경과 찬송을 똥통에 처넣었을 것이요. 세 번째 이곳에 들어왔을 때도 성경과 찬송을 받았는데 첫 장을 펴보니 마태복음인가 동태복음인가 하는 곳에 아브라함 링컨인지 하는 사람이 누구를 낳고 또 누굴 낳고, 꽤 많은 인간을 낳기는 낳은 모양인데 내게는 흥밋거리도 안 되는 이야기였소. 그래서 그 첫 장부터 찢어 담배를 말아 피웠소. 그러니 나에게는 아예 얘기할 생각도 마쇼."

그러나 이○○ 씨도 김○○ 씨의 끈질기고 열심 있는 전도에 굴복하고 말았다고 합니다.

"내 평생에 이토록 나를 생각해 주는 뜨거운 사랑을 받아 본 일이 없습니다. 형님! 이젠 저도 올바른 사람이 되어 남을 위해 살아서 하나님을 기쁘게 하고 싶습니다."

여섯 번째 모임

# 가뭄 중에 비를 내려달라는 소원을 들어주신 하나님

## 『할 일은 기도뿐』

미국 NASA 마샬 우주센터의 소장이며 우주개발의 제 일인자인 베르너 폰 브라운 박사는 기도의 사람으로 알려졌습니다.

1969년 7월 16일 오후 10시 32분, 그는 아폴로 11호 발사를 앞두고 "우리 인간이 할 수 있는 최선을 다 했다. 앞으로 할 일은 하나님께 기도하는 것뿐이다." 라고 말했습니다.

아폴로 11호가 성공적으로 달에 착륙하였다가 이륙 후, 모선 콜롬비아호와 재결합을 시도할 때 산소 분출이 안 되어 온 지구 사람들은 긴장과 초조함에 애를 태우고 있었습니다.

닉슨 대통령을 비롯한 온 미국인은 하나님께 기도하고 있었습니다.

이때 기적적으로 도킹이 이루어졌습니다. 세 우주인이 "할렐루야!"를 연발하는 소리가 전파를 통하여 온 지구에 메아리 쳤습니다. 기도의 사람은 성공합니다.

## 환 영

- 친숙해지기

유머 한 가지씩 말하기
(질문형식은 안 됨)

## 경배와 찬양

- 쉬운 찬양

## 말씀 나누기

(왕상18:41-46) "[41] 엘리야가 아합에게 이르되 올라가서 먹고 마시소서 큰 비
소리가 있나이다 [42] 아합이 먹고 마시러 올라가니라 엘리야가 갈멜 산 꼭대기
로 올라가서 땅에 꿇어 엎드려 그의 얼굴을 무릎 사이에 넣고 [43] 그의 사환에게
이르되 올라가 바다쪽을 바라보라 그가 올라가 바라보고 말하되 아무것도 없나
이다 이르되 일곱 번까지 다시 가라 [44] 일곱 번째 이르러서는 그가 말하되 바다
에서 사람의 손 만한 작은 구름이 일어나나이다 이르되 올라가 아합에게 말하기
를 비에 막히지 아니하도록 마차를 갖추고 내려가소서 하라 하니라 [45] 조금 후
에 구름과 바람이 일어나서 하늘이 캄캄해지며 큰 비가 내리는지라 아합이 마차
를 타고 이스르엘로 가니 [46] 여호와의 능력이 엘리야에게 임하매 그가 허리를
동이고 이스르엘로 들어가는 곳까지 아합 앞에서 달려갔더라"

(약 5:17-18) "[17] 엘리야는 우리와 성정이 같은 사람이로되 그가 비가 오지 않
기를 간절히 기도한즉 삼 년 육 개월 동안 땅에 비가 오지 아니하고 [18] 다시 기
도하니 하늘이 비를 주고 땅이 열매를 맺었느니라"

1. 말씀을 이야기로 풀어 전달하십시오.

(말씀나누기 인도자)

2. 내가 깨달은 것을 적으십시오.

1) 이스라엘에 가뭄이 들었습니다. 그들의 소원은 무엇이었겠습니까?

2) 엘리야는 비가 오게 해달라는 소원을 어떤 신에게 기도했습니까?

3) 하나님은 비가 오도록 하게 하는 능력이 있으십니까?

3. 결 론

당신도 소원을 하나님께 기도하면 얻을 수 있습니다.

## 사 역

1. 소원성구 암송

(시 145:19) "그는 자기를 경외하는 자들의 소원을 이루시며 또 그들의 부르짖음을 들으사 구원하시리로다"

2. 사역 합심 통성기도

1) 불신자의 소원을 말하게 하고 함께 기도합니다.
2) 목장원의 소원을 놓고 기도합니다.
3) 교회의 소원을 놓고 기도합니다.

3. 개인 소원기도

## 소원기도회 후 결과 보고

1. 목자는 교회에 소원기도 결과 보고서를 작성하여 제출해야 합니다.

2. 다음 주 소원기도회에 더 많은 인원을 참석시킬 수 있는 방법을 의논하여 각각 목표를 주고 달성하도록 최선을 다해야 합니다.

3. 이번에 많은 영혼을 추수하려는 영적 욕심이 있어야 합니다.

## 「고○○의 전도」

고○○은 세상을 떠들썩하게 했던 사형수로서, 또한 예수 믿고 변화된 사람으로서 그 이름이 알려졌습니다.

그는 자기 부대의 대대장 일가족을 살해했다는 죄목으로 체포된 사형수였습니다. 그는 비록 살인자, 흉악범이었지만 예수 믿고 구원 받은 후에는 언제나 감사와 찬송이 넘치는 사람이었고, 처형되기 전까지 육군 교도소에서 최고 1천 8백 명에게 전도한 일이 있었습니다. 그가 말씀을 전하면 많은 죄인들이 회개하고 주님께 돌아왔다고 합니다.

그는 죄수복을 입은 전도자로서 떳떳하게 세상과 이별하였다고 합니다.

일곱 번째 모임

# 소원기도를 들으시고 지혜와 부귀영화를 주신 하나님

『전능자가 베푸신 사업장의 축복』

저는 ○○대학교 ○○○공동기술연구원에서 건축물의 설계 및 감리를 하는 ○○건축동인 건축사 사무소를 운영하고 있습니다.

저희 가족은 함께 입주해 있는 이○○ 집사의 권유로, 1999년 12월 24일에 교회에 등록하게 되었습니다.

교회에 등록한 후 실업인 선교회, 성가대, 야고보 선교회 등의 활동을 하면서, 저보다도 더 바쁜 사업을 하면서도 매우 헌신적이고 많은 사람들에게 사랑을 베푸는 집사님들을 보면서 커다란 감동을 받았습니다.

하나님께서는 아직도 부족한 저희에게 많은 축복으로 함께 하셔서 항상 때를 따라 많은 일들을 주셨고, 또한 직원들도 시기에 맞추어 믿음이 있는 직원을 보내 주셨습니다. 하지만 IMF 여파로 전반적인 건축시장이 어려워지면서 저의 사업장도 영향을 받게 되었습니다.

저는 이 어려운 시기에 (말 3:10) "만군의 여호와가 이르노라 너희의 온전한 십일조를 창고에 들여 나의 집에 양식이 있게 하고 그것으로 나를 시험하여 내가 하늘 문을 열고 너희에게 복을 쌓을 곳이 없도록 붓지 아니하나 보라"고 하신 주님의 말씀을 의지하여 십일조를 드렸습니다.

2001년 초, (신28:12) "꾸어줄지라도 너는 꾸지 아니할 것이요" 라는 말씀에 은혜를 받아 저의 사업장을 놓고 축복해 달라고 기도하였습니다만, 기도의 응답에 대한 확신에는 반신반의하는 연약한 믿음이었습니다.

작년 중반까지는 분명히 설계수주 물량도 조금은 늘고 사업장도 확장되었지만 이에 따라 지출도 많아져서 운영의 폭만 커질 뿐, 손에 잡히는 순이익은 없었습니다.

이런 회의적인 상황에서 저희 부부는 새벽기도를 시작했고 더욱 열심히 교회봉사를 하면서 저희들의 앞으로의 나아갈 방향에 대해 기도드렸습니다. 그러다가 설계금액으로는 크다고 할 수 있는 학교설계가 입찰 공고되어서 기도하면서 입찰을 분석하는데 열중하였습니다.

나름대로 과거 입찰의 낙찰률을 분석하고 모의 입찰 프로그램도 작성하면서 입찰에 열중하는데 아내인 유○○ 집사가 이런 저를 보고 지나가는 말로 "사람의 머리로 되는 것이 아닌데…" 라고 말하는 것이었습니다.

아내의 말을 듣고 생각도 정리할 겸 성경책을 보기 시작하는데 (습 3:16-17) "시온아 네 손을 늘어뜨리지 말라 너의 하나님 여호와가 너의 가운데에 계시니 그는 구원을 베푸실 전능자이시라 그가 너로 말미암아 기쁨을 이기지 못하시며 너를 잠잠히 사랑하시며 너로 말미암아 즐거이 부르며 기뻐하시리라 하리라"는 말씀이 저의 마음에 강하게 각인되었습니다. 이 말씀이 지금까지 저희를 보시는 하나님의 마음같이 느껴지며 마음이 평안해졌습니다.

여러 성도들에게 중보기도를 부탁드렸고, 저희 부부도 새벽기도로 준비했습니다. 그 결과 설계금액으로는 1억 9천만 원정도인 ○○고등학교 신축공사 설계자로 선정되었습니다. 할렐루야!

이뿐만이 아니라 다른 설계사무소는 일이 없다고 하는데 저희 사무실은 공장설계, 빌라설계, 교회설계 등 일감이 많이 들어와 다른 사무소에 나누어 줄

정도로 계속해서 축복을 받고 있습니다.

저희가 나아갈 길을 명백히 보여주시고, 저희 중에 계시며 저희를 잠잠히 사랑하시는 하나님께 영광을 돌립니다.

## 환 영

- 친숙해지기

유머 한 가지씩 말하기
(질문형식은 안 됨)

## 경배와 찬양

- 쉬운 찬양

## 말씀 나누기

(왕상 3:2-15) "[2] 그 때까지 여호와의 이름을 위하여 성전을 아직 건축하지 아
니하였으므로 백성들이 산당에서 제사하며 [3] 솔로몬이 여호와를 사랑하고 그
의 아버지 다윗의 법도를 행하였으나 산당에서 제사하며 분향하더라 [4] 이에 왕
이 제사하러 기브온으로 가니 거기는 산당이 큼이라 솔로몬이 그 제단에 일천 번
제를 드렸더니 [5] 기브온에서 밤에 여호와께서 솔로몬의 꿈에 나타나시니라 하
나님이 이르시되 내가 네게 무엇을 줄꼬 너는 구하라 [6] 솔로몬이 이르되 주의
종 내 아버지 다윗이 성실과 공의와 정직한 마음으로 주와 함께 주 앞에서 행하므
로 주께서 그에게 큰 은혜를 베푸셨고 주께서 또 그를 위하여 이 큰 은혜를 항상

주사 오늘과 같이 그의 자리에 앉을 아들을 그에게 주셨나이다 [7] 나의 하나님 여호와여 주께서 종으로 종의 아버지 다윗을 대신하여 왕이 되게 하셨사오나 종은 작은 아이라 출입할 줄을 알지 못하고 [8] 주께서 택하신 백성 가운데 있나이다 그들은 큰 백성이라 수효가 많아서 셀 수도 없고 기록할 수도 없사오니 [9] 누가 주의 이 많은 백성을 재판할 수 있사오리이까 듣는 마음을 종에게 주사 주의 백성을 재판하여 선악을 분별하게 하옵소서 [10] 솔로몬이 이것을 구하매 그 말씀이 주의 마음에 든지라 [11] 이에 하나님이 그에게 이르시되 네가 이것을 구하도다 자기를 위하여 장수하기를 구하지 아니하며 부도 구하지 아니하며 자기 원수의 생명을 멸하기도 구하지 아니하고 오직 송사를 듣고 분별하는 지혜를 구하였으니 [12] 내가 네 말대로 하여 네게 지혜롭고 총명한 마음을 주노니 네 앞에도 너와 같은 자가 없었거니와 네 뒤에도 너와 같은 자가 일어남이 없으리라 [13] 내가 또 네가 구하지 아니한 부귀와 영광도 네게 주노니 네 평생에 왕들 중에 너와 같은 자가 없을 것이라 [14] 네가 만일 네 아버지 다윗이 행함 같이 내 길로 행하며 내 법도와 명령을 지키면 내가 또 네 날을 길게 하리라 [15] 솔로몬이 깨어 보니 꿈이더라 이에 예루살렘에 이르러 여호와의 언약궤 앞에 서서 번제와 감사의 제물을 드리고 모든 신하들을 위하여 잔치하였더라"

(삼상 2:6-8) "[6] 여호와는 죽이기도 하시고 살리기도 하시며 스올에 내리게도 하시고 거기에서 올리기도 하시는도다 [7] 여호와는 가난하게도 하시고 부하게도 하시며 낮추기도 하시고 높이기도 하시는도다 [8] 가난한 자를 진토에서 일으키시며 빈궁한 자를 거름더미에서 올리사 귀족들과 함께 앉게 하시며 영광의 자리를 차지하게 하시는도다 땅의 기둥들은 여호와의 것이라 여호와께서 세계를 그것들 위에 세우셨도다"

1. 말씀을 이야기로 풀어 전달하십시오.

(말씀나누기 인도자)

2. 내가 깨달은 것을 적으십시오.

1) 솔로몬의 소원은 무엇이었습니까?

2) 솔로몬은 소원을 이루기 위해서 어떤 신에게 기도했습니까?

3) 하나님은 솔로몬의 소원을 이루어 주셨습니까? 하나님은 솔로몬에게 상으로 무엇을 더 주셨습니까?

3. 결 론

당신도 소원을 하나님께 기도하면 얻을 수 있습니다.

## 사 역

1. 소원성구 암송

(마 15:28) "이에 예수께서 대답하여 이르시되 여자여 네 믿음이 크도다 네 소원대로 되리라 하시니 그 때로부터 그의 딸이 나으니라"

2. 사역 합심 통성기도

1) 불신자의 소원을 말하게 하고 함께 기도합니다.
2) 목장원의 소원을 놓고 기도합니다.

3) 교회의 소원을 놓고 기도합니다

3. 개인 소원기도

## 소원기도회 후 결과 보고

1. 목자는 교회에 소원기도 결과 보고서를 작성하여 제출해야 합니다.

2. 다음 주 소원기도회에 더 많은 인원을 참석시킬 수 있는 방법을 의논하여 각각 목표를 주고 달성하도록 최선을 다해야 합니다.

3. 이번에 많은 영혼을 추수하려는 영적 욕심이 있어야 합니다.

### 「백○○ 씨와 전도자」

우리나라의 백○○ 씨 하면 유명한 백△△ 씨 부친임을 잘 알고 있습니다. 그는 눈먼 장님이었고 또 점쟁이였습니다. 돈도 많이 벌었습니다.

어느 날, 한 전도자가 그에게 전도지를 주면서 당신의 영혼과 후손들의 장래를 생각해서 점치는 생활을 청산하고 예수를 믿으라고 전도했습니다.

백○○ 씨는 전도자에게 호통을 치며 야단을 했습니다. 전도자는 언젠가 한번 읽어보라며 전도지 한 장을 그의 주머니에 넣어 주고 갔습니다.

그 일이 있은 후, 웬일인지 그는 자꾸만 마음이 고통스러웠습니다. 거짓말로 점을 쳐서 돈을 많이 벌었지만 죽으면 지옥에 가고 자식들의 앞날도 불행하게 된다는 말이 자꾸만 생각났습니다. 그러다가 그는 병상에 쓰러졌습니다. 와병 중에 문득 전도자가 준 전도지가 생각나서 부인에게 전도지를 꺼내 읽어달라고 했고, 그것을 듣는 순간 성령이 그를 거꾸러뜨렸습니다.

그는 교회를 찾아갔습니다. 목사님과 교우들은 점쟁이 백○○ 씨가 왜 교회를 찾아왔는지 큰일 났다며 걱정했습니다. 그러나 그는 그 자리에서 회개하고 예수 믿기로 작정하였습니다.

그 후, 백○○ 씨는 많은 재산을 털어 교회를 짓고 학교를 지었습니다. 그분의 아들이 바로 백박준 박사입니다. 이 세상에서 불행했던 사람이 전도자를 통해 몇 마디의 말씀을 듣고 새 생명을 얻어 자손이 축복 받아 큰 일을 하는 역사가 일어났습니다.

여덟 번째 모임

# 인생의 큰 환난 중에 소원을 들어주신 하나님

『루즈벨트의 기도』

세계 제2차 대전이 발발해서 막바지에 이른 1943년, 유럽에서는 유명한 노르망디 상륙작전이 있었습니다.

이 작전의 승패 여하에 따라 미국뿐만이 아니라 자유진영 전체가 좌우되는 극한 상황이었는데, 이 촌각을 다투는 귀중한 시간에 이 작전을 지휘하던 루즈벨트 대통령은 그의 기도실에 들어가 하나님께 부르짖기 시작했습니다.

밖에서는 부하들이 상황보고를 하기 위해 급히 뵙기를 청했으나 루즈벨트 대통령은 하나님의 응답이 없으므로 기다리라고 부탁하고 계속 기도로 매달렸습니다.

땀과 눈물로 간절하게 부르짖기를 8시간이 지난 후에야 응답을 받고 기도실을 나올 때, 기적적으로 작전이 성공했다는 전보를 접하고 하나님께 영광을 돌렸고 2차 대전은 미국의 승리로 끝났습니다.

## 환 영

● 친숙해지기

유머 한 가지씩 말하기
(질문형식은 안 됨)

## 경배와 찬양

● 쉬운 찬양

## 말씀 나누기

(욥 1:13-22) "[13] 하루는 욥의 자녀들이 그 맏아들의 집에서 음식을 먹으며 포도주를 마실 때에 [14] 사환이 욥에게 와서 아뢰되 소는 밭을 갈고 나귀는 그 곁에서 풀을 먹는데 [15] 스바 사람이 갑자기 이르러 그것들을 빼앗고 칼로 종들을 죽였나이다 나만 홀로 피하였으므로 주인께 아뢰러 왔나이다 [16] 그가 아직 말하는 동안에 또 한 사람이 와서 아뢰되 하나님의 불이 하늘에서 떨어져서 양과 종들을 살라 버렸나이다 나만 홀로 피하였으므로 주인께 아뢰러 왔나이다 [17] 그가 아직 말하는 동안에 또 한 사람이 와서 아뢰되 갈대아 사람이 세 무리를 지어 갑자기 낙타에게 달려들어 그것을 빼앗으며 칼로 종들을 죽였나이다 나만 홀로 피하였으므로 주인께 아뢰러 왔나이다 [18] 그가 아직 말하는 동안에 또 한 사람이 와서 아뢰되 주인의 자녀들이 그들의 맏아들의 집에서 음식을 먹으며 포도주를 마시는데 [19] 거친 들에서 큰 바람이 와서 집 네 모퉁이를 치매 그 청년들 위에 무너지므로 그들이 죽었나이다 나만 홀로 피하였으므로 주인께 아뢰러 왔나이다 한지라 [20] 욥이 일어나 겉옷을 찢고 머리털을 밀고 땅에 엎드려 예배하

며 [21] 이르되 내가 모태에서 알몸으로 나왔사온즉 또한 알몸이 그리로 돌아가올지라 주신 이도 여호와시요 거두신 이도 여호와시오니 여호와의 이름이 찬송을 받으실지니이다 하고 [22] 이 모든 일에 욥이 범죄하지 아니하고 하나님을 향하여 원망하지 아니하니라"

(욥 42:10-17) "[10] 욥이 그의 친구들을 위하여 기도할 때 여호와께서 욥의 곤경을 돌이키시고 여호와께서 욥에게 이전 모든 소유보다 갑절이나 주신지라 [11] 이에 그의 모든 형제와 자매와 이전에 알던 이들이 다 와서 그의 집에서 그와 함께 음식을 먹고 여호와께서 그에게 내리신 모든 재앙에 관하여 그를 위하여 슬퍼하며 위로하고 각각 케쉬타 하나씩과 금 고리 하나씩을 주었더라 [12] 여호와께서 욥의 말년에 욥에게 처음보다 더 복을 주시니 그가 양 만 사천과 낙타 육천과 소 천 겨리와 암나귀 천을 두었고 [13] 또 아들 일곱과 딸 셋을 두었으며 [14] 그가 첫째 딸은 여미마라 이름하였고 둘째 딸은 긋시아라 이름하였고 셋째 딸은 게렌합북이라 이름하였으니 [15] 모든 땅에서 욥의 딸들처럼 아리따운 여자가 없었더라 그들의 아버지가 그들에게 그들의 오라비들처럼 기업을 주었더라 [16] 그 후에 욥이 백사십 년을 살며 아들과 손자 사 대를 보았고 [17] 욥이 늙어 나이가 차서 죽었더라"

1. 말씀을 이야기로 풀어 전달하십시오.

(말씀나누기 인도자)

2. 내가 깨달은 것을 적으십시오.

1) 욥은 어떠한 고난을 겪고 있었습니까?

2) 욥의 소원은 고난을 벗어나는 것입니다. 그가 믿는 하나님이 소원을 들어 고난을 벗어나게 하였습니까?

3) 당신의 고난에서도 벗어나기를 원한다면 누구에게 기도해야 소원을 이루겠습니까?

3. 결 론

당신도 소원을 하나님께 기도하면 얻을 수 있습니다.

## 사 역

1. 소원성구 암송

(마 7:7) “구하라 그리하면 너희에게 주실 것이요 찾으라 그리하면 찾아낼 것이요 문을 두드리라 그리하면 너희에게 열릴 것이니”

2. 사역 합심 통성기도

1) 불신자의 소원을 말하게 하고 함께 기도합니다.

2) 목장원의 소원을 놓고 기도합니다.

3) 교회의 소원을 놓고 기도합니다.

3. 개인 소원기도

## 소원기도회 후 결과 보고

1. 목자는 교회에 소원기도 결과 보고서를 작성하여 제출해야 합니다.

2. 다음 주 소원기도회에 더 많은 인원을 참석시킬 수 있는 방법을 의논하여 각각 목표를 주고 달성하도록 최선을 다해야 합니다.

3. 이번에 많은 영혼을 추수하려는 영적 욕심이 있어야 합니다.

## 「세배하고 얻어맞은 전도사」

보수적인 섬 마을에서 첫 목회를 하게 된 전도사가 구정을 맞아 동리에 연세 많으신 어른이 있는 40여 가정을 다니면서 세배를 하였습니다.

사람들은 전도사가 세배를 다닌다면서 어리둥절해 하고 또 기뻐하기도 하며 음식을 차려주곤 했습니다.

그런데 마지막으로 그 동리에서 제일 완고한 할아버지를 찾아가서 절을 하고 일어났더니, 그 할아버지는 "이게 누구야? 누가 재수 없게 전도사보고 세배오라고 했나? 우리 귀신 놀라기 전에 당장 나가!" 하면서 전도사의 머리를 담뱃대로 때리는 것입니다.

전도사는 속이 상했지만 웃으면서 "할아버지! 전도사에게 세배를 받으면요 재수 없는 것이 아니라 장수하시고 건강하시게 돼요." 라고 말하였습니다. 그래도 그 할아버지는 마구 소리를 지르며 나가라고 했고 전도사는 쫓겨나다시피 그 집을 나왔습니다.

얼마 후, 그 할아버지는 지병으로 눕게 되었습니다. 전도사는 다시 병문안을 갔습니다. 할아버지는 공손하게 절을 하고 앉은 전도사를 보았습니다. 그리고는 전에 세배 왔을 때와는 달리 눈물을 흘리며 전도사의 손을 꼭 잡더니 "그때 미안했수다."라고 말하는 것이었습니다.

그 후, 그 할아버지의 가정은 교회에 나오기 시작했습니다.

# 소원기도 운영법

# 소원기도 운영법

● **첫 번째**

1. 불신자들에게 소원기도 카드를 주면서, 하루 10분 이상 50일 동안 카드 내용대로 읽으며 기도하면 소원이 이루어진다고 말하십시오.
2. 소원을 위해 많은 사람들이 기도하도록 소원기도 카드를 많이 배부해야 합니다.

● **두 번째**

1. 소원이 있는 사람에게 8주 동안 소원기도회에 참석하면 소원이 이루어진다고 말하며 참석을 권유하십시오.
2. 참석하신 분에게는 '50일 소원기도 모임' 교재의 내용대로 진행하십시오.

● **세 번째**

1. 소원기도 모임을 불신자의 집에서 할 수도 있습니다.
2. 불신자의 집에서 개설하면 더 좋습니다.

● **네 번째**

1. 직장에서도 소원기도 모임을 할 수 있습니다.
2. 직장인들이 한 자리에 모여 10분 이상 소원기도 카드에 있는 대로 기도하십시오.
3. 학교에서도 할 수 있습니다.

### ● 다섯 번째

1. 일하면서 소원기도를 할 수 있습니다.
2. 걸어가면서 소원기도를 할 수 있습니다.
3. 운전하면서 소원기도를 할 수 있습니다.
4. 버스나 전철 안에서 소원기도를 할 수 있습니다.

### ● 여섯 번째

1. 이 소원기도를 하는 사람은 다른 사람에게도 소원기도를 하도록 전해야 할 의무가 있습니다.
2. 가능한 많은 사람이 소원기도를 하도록 소원기도 카드를 전달하십시오.

### ● 일곱 번째

1. 교회에서는 전교인이 같은 기간에 할 수 있도록 진행하면 됩니다.
2. 교회 중진과 목자들을 교육하고 훈련하여, 일자를 정하고 시작하면 됩니다.

### ● 여덟 번째

1. 이 기도는 누구나 할 수 있습니다.
2. 이 기도 모임은 어느 곳에서나 개인이 개설 할 수 있습니다.
3. 이 기도문을 읽고 기도하면 소원이 이루어집니다.
4. 이 기도 모임은 불신자의 세계로 확산되어야 합니다.
5. 이 기도 모임은 세상 사람에게 열려 있습니다.

## 양육교재

### 인간의 삶

값 3,500원

인간이 고통을 당하는 이유를 성경을 통해 명확하게 알려주며 자신의 모습을 돌아보게 합니다.

### 새로운 삶

값 3,500원

하나님을 알고 살아가는 삶이 새로운 삶임을 깨닫게 하며, 가르치는 자와 배우는 자가 동일하게 세워지도록 합니다.

### 제자의 삶

값 3,500원

예수님의 진정한 제자는 어떻게 살아야 하는가를 성경적으로 권면합니다.

### 축복의 삶

값 3,500원

하나님의 자녀로서 축복받는 삶이 무엇인가를 배우며 기쁨과 감사함으로 살아가게 합니다.

### 기도학교

값 3,500원

기도에 대해서 알고 싶어하고 배우고 싶어하는 성도들을 위해 하나님께서 들어주시는 올바른 기도를 가르쳐 줍니다.

### 새가족학교

값 3,500원

교회에 나오는 새가족들이 궁금해 하는 모든 내용들을 정리하여 그들의 궁금증을 해결해 주어 정착하도록 돕습니다.

### 전인치유학교

값 4,500원

중원교회 장년 교구에서 직접 성도를 훈련시키며, 이론이 아닌 실습을 통해 현장에 꼭 맞는 교재로 발전시켜 놓았습니다.

많은 노력과 시행착오를 거치며 계속 발전시켜 한국교회에 맞게 성공적인 훈련교재를 만들게 되었습니다.

### 성경적 전인치유학교

**리더용 / 성도용** 값 8,000원 / 값 4,500원

'어떻게 하면 하나님이 사람을 치료하는 것을 찾아볼까?' 하는 고민 중에 본 치유 프로그램이 만들어졌습니다. 이 치유 프로그램은 성경적인 치유를 전제로 만들어졌습니다. 인본적인 치유가 아니라 성경적인 치유 프로그램인 것입니다.

### 목자예비학교

값 4,500원

평신도 리더로서 사역할 수 있도록 모든 소그룹 인도 방법을 자세하게 가르쳐 줍니다.

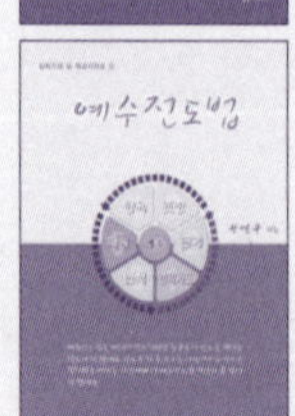


### 전도학교(예수전도법)

값 3,500원

예수전도법을 통하여 불신자를 전도하는 모든 방법을 가르쳐 전도는 누구나 할 수 있다는 자신감을 갖게 합니다.

## 교회학교 양육교재

인간의 삶(교회학교)
값 3,500원

새로운 삶(교회학교)
값 3,500원

제자의 삶(교회학교)
값 3,500원

축복의 삶(교회학교)
값 3,500원

새가족학교(교회학교)
값 4,500원

## 단행본들…

### 세계교회는 십자가의 길로 간다 값 8,000원

십자가의 길은 독자들에게 비전과 소망을 줄 것입니다. 목회의 목마름을 해갈해 줄 것입니다.

아울러 본 저서는 목회를 잘 해 보고자 하는 열심있는 목회자들과 목회에 지친 분들에게 새 힘을 불어넣는 좋은 책이 될 것입니다.

### 당신도 훌륭한 목회를 할 수 있다(상)(하) 값 10,000원

목회를 하면서 많은 시행착오를 겪었다. 누군가 코치를 해 주는 사람이 있었으면 좋았을텐데 불행히도 없었다. 어려운 문제가 생길 때마다 좌절도 하고 낙심도 하면서 하나님께 기도하여 문제를 풀어 나갔다. 다행이 하나님께서 해결해 주셔서 어려운 목회 문제를 풀 수 있었다. 그리고 많은 은혜를 주셨다. 이 책이 나와 같은 목회자들에게 도움이 되었으면 좋겠다.

### 예수그리스도께서 가르쳐 주신 기도와 능력 값 5,000원

기도하는 많은 사람들을 새로운 기도의 세계로 인도할 것입니다. 주님이 가르쳐 주신 기도순서로 기도하면 깊은 영성을 소유하게 될 것입니다. 그리고 절대로 잘못된 기도는 하지 않게 될 것입니다. 또 놀라운 영적 경험을 하게 될 것입니다.

자신이 변화하는 것을 느끼게 되며, 치유의 역사가 속에서 일어나는 것을 느낄 것입니다.

### 기도훈련집 1, 2

- 값 6,000원
- 값 3,000원

이 기도문은 그리스도께서 하신 기도입니다. 지금까지 자기 욕심을 이루려는 기도를 드렸고 하나님을 괴롭게 하는 기도를 드렸음을 발견하게 될 것입니다. 또한 자신의 영혼이 깨끗해지고 마음이 청결해지는 것을 느끼게 될 것입니다.

### 교회건강검진 값 10,000원

건강한 교회와 성장하는 교회는 다른 시각으로 보이야 합니다. 건강하지 못해도 성장하는 교회가 있습니다. 이런 교회는 바람직하지 못합니다. 교회는 하나님 보시기에 건강해야 하고 또 성장해야 합니다. 그러기 위해서 검사 방법이 정확해야 합니다. 여기에 그 방법을 소개합니다.

### 폭발적 목장영적추수행사 값 3,500원

목장영적추수행사는 좀 더 체계적으로 훈련하여 성도의 생각을 바꾸고 생활 속에서 신앙적으로 전도 활동과 목장 집회를 갖도록 하는 획기적인 책입니다.

이 책이 제시하는 대로 시행한다면 누구든지 전도를 할 수 있으며 목장도 활성화되는 결과를 얻게 될 것입니다.

### 52주 목장집회 1, 2 각 값 6,000원

예배는 구원 받은 사람들이 하나님을 경외하는 것입니다. 집회는 사람들이 모여서 하나님의 은혜 받기를 사모하는 것입니다. 예배와 집회는 전혀 다른 성격을 띠고 있습니다. 목장 집회는 하나님의 은혜를 받기 위한 특별한 모임입니다. 목장 집회의 중요한 리더 만들기와 기도 셀, 사랑의 실천, 불신자를 위한 모임 등을 실천하도록 하였습니다.

### 생명을 얻는 길(상) 값 2,500원

태신자의 눈높이에 맞춘 맞춤식 양육 교재입니다. 철저히 태신자의 입장에서 그들의 문제를 해결하고 있는 것이 본서의 특징입니다. 또한 기존 성도들도 태신자를 양육하면서 은혜 받고 하나님이 원하시는 신앙으로 바뀌게 됩니다.

'생명을 얻는 길'은 미니 전도지와 함께 사용하면 양육 효과가 더욱 크게 나타납니다.

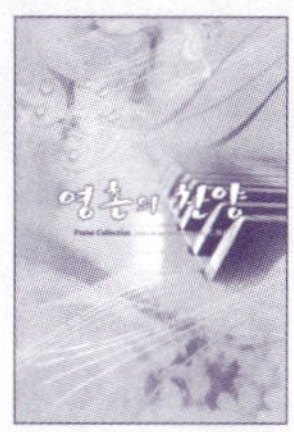

### 영혼의 찬양 값 5,500원

십자가선교센터에서 선정한 200곡의 주옥같은 찬양을 수록하였습니다.

### 새벽빛 저미는 가슴으로(시집) 값 10,000원

김경희 지음

하루를 여는 첫 시간, 말씀 앞에 무릎 꿇고 음성 듣기를 20여 년의 세월…

나의 하나님의 크신 사랑을 경건의 일기에 담아 오던 중 중원교회에서 십자가의 길을 가며 새벽마다 주시는 주옥같은 말씀에 은혜 받고 글을 쓰다가 권영구 목사님의 추천과 기도의 후원으로 시를 모아봅니다.

신간

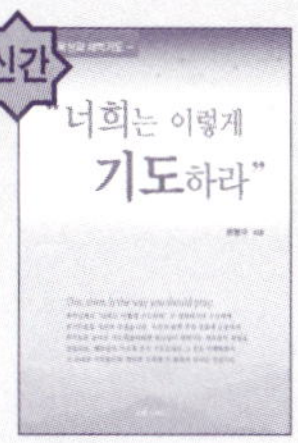

### 너희는 이렇게 기도하라 값 7,000원

하루를 여는 새벽시간 개인적으로 읽고 묵상하며 경건의 시간을 갖도록 되어 있습니다. 교회에서 21일 특별 새벽기도회 기간에 활용하시면 큰 은혜의 시간이 될 것입니다.

신간

### 유아세례 학습서 값 8,000원

아이들에게 있어 부모의 신앙은 매우 중요합니다. 그 이유는 아이들이 부모의 신앙을 그대로 배우기 때문입니다. 그러므로 유아 세례를 줄 때 부모를 함께 철저하게 교육시킬 필요가 있습니다.

## 맞춤전도지

현대인들은 매우 바쁘고 복잡하게 살아갑니다. 그들에게 복음을 전하기란 쉽지 않습니다. 이와 같은 문제점을 해결하고자 **도서출판 중원 C.M.C.**에서는 **5분 안**에 **어느 누구**에게든지 **시간과 장소에 국한되지 않고 복음**을 전하는 **맞춤 전도지**를 만들었습니다. 하나님의 나라가 우리나라 가운데 임하길 기도드립니다.

**① 복된 소식**

값 300원

죄의 문제 해결과 구원에 대한 진리를 선포하고 있습니다.

**② 5분 복음제시**

값 300원

죄의 문제 해결과 하나님을 믿으면 좋은 것에 대하여 설명합니다.

**③ 인생을 아십니까?**

값 300원

인생무상과 가치있는 삶에 대한 해결책을 제시합니다.

**④ 도를 아십니까?**

값 300원

사람이 가야 할 참된 인생의 길과 후회없는 삶을 제시합니다.

**⑤ 사람은 왜 고난이 많습니까?**

값 300원

사람의 고난과 고통의 문제에서 벗어나 평안하게 사는 길을 제시합니다.

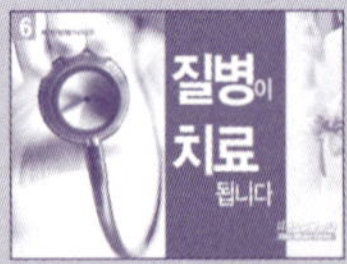

**⑥ 질병이 치료됩니다**

값 300원

질병에서 벗어나 기적을 경험하는 삶을 제시합니다.

**⑦ 자신의 미래를 아십니까?**

값 300원

사람은 자신의 미래에 대해서 궁금해 합니다. 그 미래에 대한 명쾌한 해답을 제시합니다.

**⑧ 인생문제해결을 원하십니까?**

값 300원

모든 사람은 문제를 안고 살아갑니다. 문제 해결과 축복의 삶을 제시합니다.

**⑨ 교회를 쉬고 계십니까?**

값 300원

신앙생활을 하다 여러가지 시험과 문제로 교회를 쉬고 계십니까? 하나님께서는 첫사랑을 회복하기를 원하십니다.

**⑩ 어떤 종교를 가지고 계십니까?**

값 300원

어떤 종교를 가지고 있느냐에 따라서 사후의 삶이 달라집니다. 참 종교의 길을 제시합니다.

## 신간 소개

**십자가의 길 생활 시리즈(중급반)**

교회생활 …값 5,000원

가정생활 …값 5,000원

헌신생활 …값 5,000원

복된생활 …값 5,000원

목자학교 …값 7,000원

성품치유학교 …값 7,000원

지도자훈련학교 …값 5,000원

50일 소원기도 모임 …값 5,000원

**중원 C.M.C.**

홈페이지 http://www.cross9191.com

02)2617-2044, 2685-0423